BEI GRIN MACHT SICH IHR WISSEN BEZAHLT

- Wir veröffentlichen Ihre Hausarbeit, Bachelor- und Masterarbeit

- Ihr eigenes eBook und Buch - weltweit in allen wichtigen Shops

- Verdienen Sie an jedem Verkauf

Jetzt bei www.GRIN.com hochladen und kostenlos publizieren

Dario Fischer

Betriebsverfassungsrecht

Skript und Klausurvorbereitung

GRIN Verlag

Bibliografische Information der Deutschen Nationalbibliothek:

Die Deutsche Bibliothek verzeichnet diese Publikation in der Deutschen National-
bibliografie; detaillierte bibliografische Daten sind im Internet über http://dnb.d-
nb.de/ abrufbar.

Impressum:

Copyright © 2014 GRIN Verlag GmbH
Druck und Bindung: Books on Demand GmbH, Norderstedt Germany
ISBN: 978-3-656-73671-4

Dieses Buch bei GRIN:

http://www.grin.com/de/e-book/280224/betriebsverfassungsrecht

GRIN - Your knowledge has value

Der GRIN Verlag publiziert seit 1998 wissenschaftliche Arbeiten von Studenten, Hochschullehrern und anderen Akademikern als eBook und gedrucktes Buch. Die Verlagswebsite www.grin.com ist die ideale Plattform zur Veröffentlichung von Hausarbeiten, Abschlussarbeiten, wissenschaftlichen Aufsätzen, Dissertationen und Fachbüchern.

Besuchen Sie uns im Internet:

http://www.grin.com/

http://www.facebook.com/grincom

http://www.twitter.com/grin_com

Betriebsverfassungsrecht

1.) Inhalt und Systematik des Betriebsverfassungsgesetzes

2.) Anwendungsbereich des Betriebsverfassungsgesetzes

Sachlicher Geltungsbereich:

- §1 I 1 BetrVG: „mind. 5 ständig wahlberechtigte AN, von denen 3 wählbar sind"

  → Def. „ständig": AN, die unbefristet oder für mind. 6 Monate eingestellt sind

Vorliegen eines Betriebs:

    - organisatorische Einheit (-> einheitliche Leitung)

    - Betriebsmittel (sachlich oder immateriell)

    - arbeitstechnischer Zweck (-> Unternehmen verfolgt wirtschaftlichen Zweck)

- Unanwendbarkeit:

    - §130 BetrVG: Betriebe mit öffentlich-rechtlichem Träger

    - §118 II BetrVG: Religionsgemeinschaften und deren karitative und erzieherische Einrichtungen

- Sonderreglung für Tendenzbetriebe gemäß §118 I BetrVG

Persönlicher Geltungsbereich:

- Arbeitnehmer (Def.: § 5 I BetrVG)

    -Auszubildende: zählen nur zur Gruppe der AN, wenn sie den Betriebszweck fördern

    - Leiharbeiter: sind im Entleiherbetrieb aktiv wahlberechtigt, wenn sie länger als 3 Monate dort eingesetzt werden (§ 7 S.2 BetrVG); zählen aber nicht zur Gruppe der AN

    -Ausnahmen: §5 II und II , IV (leit. Angestellte)

        - Def. LA in §5 III 2 BetrVG (im Zweifel Abs. 4): übernehmen unternehmerische Tätigkeiten, bleiben aber weisungsabhängig vom AG (→ AN, der leitende Funktion übernimmt)

        - LA dürfen nicht an BR-Wahl teilnehmen und werden auch nicht durch den BR vertreten (Ausnahme: Anhörung bei Einstellung eines LA, §105 BetrVG)

→ Vertretung erfolgt durch Sprecherausschuss (§1, 31 II 1 SprAuG: Anhörung bei Kündigung)

- Abgrenzung zum Selbstständigen, § 84 HGB

3.) Betriebsrat

a) Errichtung und Wahl

Zusammensetzung:

- Anzahl der Mitglieder hängt von Anzahl der AN im Betrieb ab, § 9 BetrVG

- „Geschlechterquote" und Beschäftigungsarten der Mitglieder in §15 I, II BetrVG geregelt

Durchführung der Wahl:

- Hängt davon ab ob schon ein BR besteht

    (a) BR besteht bereits:

        - bestehender BR ernennt spätestens 10 Wochen vor Ablauf seiner Amtszeit einen Wahlvorstand (§ 16 I 1 BetrVG)

    (b) BR besteht noch nicht:

        - Wahlvorstandsbestellung nach §17 I – IV BetrVG

        - Wahl auch außerhalb des 4-Jahres-Rhythmus (s.u. „Amtszeit") möglich (§13 II Nr. 6 BetrVG)

    - Aufgaben des Wahlvorstandes: Einleitung & Durchführung der Wahl, Feststellung des Ergebnisses (18 BetrVG)

Amtszeit (§21 BetrVG):

- i.d.R. 4 Jahre (bis zum 31. Mai), §13 I 1 BetrVG

- außerordentliche Wahl (außerhalb des 4-Jahres-Rhythmus) nach §13 II BetrVG

- Sonderfälle:

    (1) Restmandat:

        - bei Betriebsstilllegung, -spaltung, - zusammenlegung

        - Grundlage: §613a BGB: Rechte und Pflichten bei Betriebsübergang

        - bei Betriebsstilllegung endet nach § 24 Nr. 3 grds. Die Amtszeit, da alle AN gekündigt werden; es gelten jedoch §§ 111, 112 BetrVG

-> BR muss rechtzeitig und umfassend über Betriebsänderung informiert werden

-> Interessenausgleich und Sozialplan

- §21 b BetrVG: BR bleibt so lange wie erforderlich im Amt (unbegrenzt; kann auch über die eigentliche Amtszeit hinausgehen)

(2) Übergangsmandat:

- bei Umstrukturierung des Betriebs (z.B. Zusammenlegung oder Spaltung)

- „alte" Betriebe verlieren ihre Identität -> Amtszeit des BR endet

- betriebsratslose Zeit muss überbrückt werden

-> bisherige(r) BR bleibt/bleiben zunächst bestehen, §21 a BetrVG, Zuständigkeit beschränkt sich dabei auf AN aus „altem" Betrieb (keine Vertretungsbefugnis für andere AN)

- §21a I 2 BetrVG: Anordnung von Neuwahlen

- Amtszeit einzelner Mitglieder:

- grds. Amtszeit des BR gleichzusetzen

- vorzeitiges Ende der Mitgliedschaft nach §24 BetrVG

-> Ersatzmitglied aus Wahlliste rückt nach damit Zahl der BR-Mitglieder nach §9 BetrVG erfüllt bleibt, §25 BetrVG

b) Rechtsstellung des Betriebsrats

- BR repräsentiert AN gegenüber AG (Überwachung: Einhaltung aller gesetzl. Bestimmungen, richtige Sozialauswahl bei betriebsbedingter Kündigung)

- BR ist grds. nicht rechtsfähig und somit auch nicht vermögensfähig (-> kann nicht auf SE verklagt werden); nach aktueller Rechtsprechung als teil-vermögensfähig erklärt

-> nach §10 ArbGG aber parteifähig

- grobe Pflichtverletzung von BR-Mitgliedern

-§23 I BetrVG: Ausschluss eines Mitglieds oder Auflösung des gesamten BR durch Antrag beim Arbeitsgericht (durch AG, Gewerkschaft oder ¼ der AN)

Kosten des BR:

- §40 BetrVG: entstandene (erforderliche) Kosten trägt AG

- §41 BetrVG: Verbot zur Erhebung von Beiträgen für die BR-Arbeit

- §37 II BetrVG: Mitglieder werden für BR-Tätigkeiten von Arbeitsleistung befreit, bekommen aber „normales" Arbeitsentgelt

BR-Arbeit:

- §29 I BetrVG: Einberufung der Sitzungen

    - Beschlüsse dürfen nur in den Sitzungen getroffen werden

    - §33 I, II BetrVG:

        - Mehrheit der anwesenden Mitglieder entscheidend

        - mind. Hälfte der Mitglieder muss in Sitzung anwesend sein

        - Stellvertretung durch Ersatzmitglieder zulässig

    -Grundsatz der Nicht-Öffentlichkeit (§30 S. 4 BetrVG)

        -> Teilnahme des AG oder einer im Betriebsrat vertretenen Gewerkschaft ausnahmsweise möglich nach §§29 IV, 31 BetrVG

    - Sitzungen finden i.d.R. während der Arbeitszeit statt (§30 S.1 BetrVG)

    - AG ist über Zeitpunkt der Sitzung zu informieren (§ 30 S.3 BetrVG)

- §26 BetrVG: Vorsitzender des BR

    - darf die Mitglieder nicht in ihrem Willen sondern nur in der Erklärung vertreten

    -beruft Sitzungen ein, legt Tagesordnung fest und leitet die Verhandlungen

§27 BetrVG: Betriebsausschuss

    - wird bei 9 oder mehr BR-Mitgliedern gebildet

    - führt laufende Geschäfte des BR (Einladung zu Versammlungen, Entgegennahme von Erklärungen an der BR etc.

    - kann für andere Aufgaben (ausgenommen das Beschließen von Betriebsvereinbarungen) beauftragt werden

c) Rechtsstellung der Betriebsratsmitglieder

§37 BetrVG:

- I: unentgeltliches Ehrenamt -> keine Vor- oder Nachteile für Mitglieder

-II: Befreiung von Arbeitsleistung

-III: Ausgleich für BR-Arbeit, die außerhalb der regulären Arbeitszeit stattfindet -> Freizeitausgleich

-VI: Teilnahme an erforderlichen (abhängig von Praxis im Betrieb) Schulungsveranstaltungen

-VII: 3 Wochen Freistellung für Schulungs- und Bildungsveranstaltungen (neue Mitglieder: 4 Wochen)

    -Veranstaltung muss hinreichenden Bezug zu den BR-Aufgaben haben

    - Entscheidung über Geeignetheit trifft oberste Arbeitsbehörde (=Arbeitsministerium); ggf. Klage beim Arbeitsgericht, §2a ArbGG

    -Anspruch auf Ausgleich von Aufwendungen (z.B. Fahrtkosten) besteht nicht, Teilnahme hingegen wird vom AG bezahlt

4.) Zusammenarbeit von Arbeitgeber und Betriebsrat

a) Allgemeine Grundsätze und Beteiligungsrechte im Überblick

- §2 I BetrVG: vertrauensvolles Zusammenwirken zum Wohl der AN im Betrieb (-> keine Rechtsfolge/ Sanktion bei Nichtbeachtung in Norm festgehalten)

-§74 BetrVG: Grundsätze der Zusammenarbeit

    - I:

        -monatliche Besprechungen

        -Verhandlungen über strittige Themen

    -II:

        - keine parteipolitischen Betätigungen im Betrieb

        - keine Betätigungen, die Betriebsfrieden oder Arbeitsabläufe stören (alles andere durch Art.5 GG geschützt)

        - Betriebskämpfe zwischen AG und BR ohnehin unzulässig

            -> nur Gewerkschaften können Partei eines Tarifvertrags sein und Arbeitskampf gegen AG führen (BR ≠tariffähig)

- §79 BetrVG: Geheimhaltungspflicht für Betriebs- und Geschäftsgeheimnisse (z.B. Rezepte, Herstellungsverfahren, Kundenstamm)

    - AG muss Geheimhaltungspflicht ausdrücklich betonen

    - Sanktionen in §120 BetrVG geregelt

- Allgemeine Aufgaben des BR, §80 I BetrVG:

-Nr. 1: BR kann AG nicht verklagen (z.B. auf Zahlung des Tariflohns für die AN) sondern ihn nur auffordern

-Nr. 2: Antragsrecht gegenüber AG

-Nr. 3: „Anlaufstelle" für Anregungen der AN

-Nr. 4 – 9: Schutz besonderer Personengruppen

b) Formen der Zusammenarbeit

aa) Betriebsvereinbarung

aaa) Zustandekommen, Inhalt und Wirkung

Zustandekommen:

- §77 I BetrVG: Vereinbarung zwischen BR und AG

- § 77 II BetrVG: schriftlich niederzulegen und von beiden Parteien in Urkunde (§126 I BGB) zu unterzeichnen

Inhalt (§88 BetrVG):

- erzeugt unmittelbare und zwingende Rechte zwischen AN und AG, §77 IV 1 BetrVG

- enthält Regelungen über Inhalt, Abschluss und Beendigung von Arbeitsverhältnissen, sowie über betriebliche und betriebsverfassungsrechtliche Fragen

- darf keine Regelungen über Entgelte oder Arbeitsbedingungen enthalten, wenn diese schon durch einen Tarifvertrag geregelt sind, §77 III BetrVG

-> Möglichkeit einen Firmen-TV mit der Gewerkschaft auszuhandeln

Wirkung/ Geltungsbereich:

- grds. gültig für alle AN im Betrieb (§5 I,II BetrVG) mit Ausnahme von LA (§5 III,IV BetrVG)

- Personenkreis kann aber auch durch die Betriebsvereinbarung begrenzt werden

- Ende der Betriebsvereinbarung mit Zeitablauf, Aufhebungsvertrag oder Kündigung mit 3 monatiger Frist (§ 77 V BetrVG)

bbb) Verhältnis zum Tarifvertrag

- Tarifautonomie hat Vorrang vor Betriebsvereinbarung -> Günstigkeitsprinzip gilt nicht (§77 III 1 BetrVG: Tarifvorbehalt)

- „durch TV geregelt" setzt nicht voraus, dass AG an TV gebunden ist, sondern nur, dass der Betrieb in den Geltungsbereich des TV fällt

-Ausnahme vom Tarifvorbehalt: Öffnungsklausel im TV (§ 77 III 2 BetrVG)

>> -> TV lässt Abschluss ergänzender Betriebsvereinbarung ausdrücklich zu (vgl. §4 III TVG)

>> -> Zusammenspiel von TV und Betriebsvereinbarung

ccc) Einigungsstelle

-Organ der Betriebsverfassung ohne eigene Mitbestimmungsrechte

>> -> entscheidet bei Meinungsverschiedenheiten zwischen BR und AG

-Funktion einer innerbetrieblichen Schlichtungsstelle

-Bildung entweder bei Bedarf (§76 I 1 BetrVG) oder als ständige Einigungsstelle (§76 I 2 BetrVG)

-Zusammensetzung gemäß §76 II BetrVG

- Rechtsweg gemäß §76 VII BetrVG nicht ausgeschlossen

bb) Regelungsabrede (Betriebsabsprache)

- im Gesetz nicht ausdrücklich vorgesehen

- anstelle einer förmlichen Betriebsvereinbarung

- Zustandekommen durch mündliche Vereinbarung, schriftliche oder durch schlüssiges Verhalten

- entfaltet keine normative Wirkung im Arbeitsverhältnis, da §77 IV BetrVG für sie nicht gilt

>> → erzeugt nur zwischen AG und BR Rechte und Pflichten, gegenüber einem AN bedarf es einer individuellen Umsetzung

- kommt nicht in Betracht, wenn sich aus dem Gesetz ergibt, dass mit der Einigung der Betriebsparteien nur die Betriebsvereinbarung gemeint ist (z.B. §112 I 2 BetrVG: Sozialplan)

- kann eine Betriebsvereinbarung nicht ablösen, da die normative Wirkung fehlt

c) Beteiligung in sozialen Angelegenheiten

aa) Bedeutung des §87 I BetrVG

- Mitbestimmung des BR zwingend erforderlich (= echte, erzwingbare Mitbestimmung), wenn keine gesetzliche oder tarifliche Regelung besteht → Theorie der notwendigen Mitbestimmung

- gesetzliche Regelungen: umfassen alle zwingenden Rechtsnormen

- wenn Gesetz z.B. regelt, dass max. 6 Überstunden/ Woche erlaubt sind, darf BR mitbestimmen ob im Betrieb evtl. weniger erlaubt werden

- tarifliche Regelungen: stehen dem Mitbestimmungsrecht des BR nur entgegen, wenn Tarifvertrag für den Betrieb gilt

- kollektive Tatbestände, nicht betroffen sind z.b. einmalige Arbeitszeitverlängerungen einzelner Personen

- Mitbestimmungsrecht des BR darf nach Rechtsprechung des BAG durch Klausel im Tarifvertrag erweitert werden (→ Tarifpartner dürfen betriebsverfassungsrechtliche Fragen regeln, §1 TVG)

- kommt es zu keiner Einigung, entscheidet die Einigungsstelle (Abs. 2)

bb) Mitbestimmungstatbestände im Einzelnen

- Nr.1: Ordnung des Betriebs und Verhalten der AN

- Bereiche, die ein reibungsloses Zusammenwirken der Arbeitnehmerschaft im Betrieb und einen ungestörten Arbeitsablauf betreffen (z.B. Rauchen am Arbeitsplatz; private Nutzung von PC und Telefon)

→ Leistungsverhalten der AN nicht erfasst, da dieses dem Weisungsrecht des AG unterliegt und der BR kein Mitspracherecht hat

- Nr.2: Lage der Arbeitszeit (Beginn und Ende), Verteilung auf die einzelnen Wochentage

→ es besteht kein Mitbestimmungsrecht über das Volumen der Arbeitszeit (meist durch TV oder Arbeitsverträge geregelt)

-Nr.3: Anordnung von vorübergehender Kurz- oder Mehrarbeit

- vorübergehend: soll Auftragsschwankungen ausgleichen und nicht dauerhaft sein

- als Kollektivmaßnahme nur mit Zustimmung von BR und AN; AG kann betriebsbedingte Kündigung als „Druckmittel" verwenden

[-Nr.4: Zeit, Ort und Art der Auszahlung] (unwichtig!)

- Nr.5: Urlaubsregelungen:

- §7 I 1 BurlG

-Mitbestimmung in Bezug auf: allgemeine Urlaubsgrundsätze (Urlaubsrichtlinien), Festlegung des Urlaubsplans und Bestimmung der zeitlichen Lage des Urlaubs für einzelne AN (Beachtung von sozialen Belangen der AN)

- Einführung von „Zwangsurlaub" durch Betriebsferien möglich

-Nr.6: Einführung und Anwendung von technischen Einrichtungen

- Schutz der AN vor Leistungsdruck durch Überwachung (→ Schutz des Allg. Persönlichkeitsrechts)

- erfasst nur die Überwachung durch technische Einrichtungen! (dazu zählt nach h.M. auch ein von Menschen gesteuertes Gerät, z.b. Fotoapparat)

-KEIN Initiativrecht für BR → soll Überwachungsdruck eher abwenden als veranlassen

- Absichten es AG irrelevant; ausreichend, wenn technische Anlage theoretisch zur Überwachung fähig ist

- Mitbestimmungsrecht besteht auch, wenn gemeinsame Überprüfung von AN in Gruppen vorgesehen ist

-Nr.7: Verhütung von Arbeitsunfällen und Berufskrankheiten

- Beachtung der gesetzlichen Vorschriften! → müssen vorliegen und einen bestimmten Rahmen vorgeben (wenn diese Regelungen keinen Spielraum lassen, gilt der Einleitungssatz und BR hat kein Mitbestimmungsrecht)

-Nichtraucherschutz erfasst

-Nr.8: Form, Ausgestaltung und Verwaltung von Sozialeinrichtungen

-z.B. Betriebskindergarten, -kantine

-Ausgestaltung: z.B. Essenspreise in der Kantine

- Verwaltung: wie wird die Geschäftsführung geregelt?

- kein Initiativrecht bzgl. Einrichtung einer Sozialeinrichtung für den BR

-Nr. 9: Zuweisung und Kündigung von Wohnräumen

-kein Initiativrecht bei Erschaffung von Wohnräumen

-Nr.10 & 11: betriebliche Lohngestaltung, Akkord- und Prämiensätze

- Lohnhöhe unterliegt nicht der Mitbestimmung!

- Mitbestimmung bei Akkordsätzen (= Entlohnung pro Stück), damit AG Lohn nicht „drücken" kann

-Provisionen zählen zu Nr.10 → Frage der betrieblichen Lohngestaltung

-Nr.12: betriebliches Vorschlagswesen

- z.B. Prämien für Verbesserungsvorschläge

-BR darf nicht über das „Ob" mitbestimmen sondern nur, wenn AG Maßnahme schon eingeführt hat → Mitbestimmung über die Verteilungsgrundsätze

-Nr. 13: Gruppenarbeit

  - bezieht sich auf teilautonome Gruppenarbeit

  - Mitbestimmungsrecht nur für das „Wie" → Aufstellung von Grundsätzen über die Durchführung von Gruppenarbeit

d) Beteiligung bei Gestaltung von Arbeitsplatz, Arbeitsablauf und Arbeitsumgebung

- §90 BetrVG: Unterrichtungs- und Beratungsrecht des BR

e) Beteiligung in personellen Angelegenheiten

aa) Personalplanung

- §§92, 92a BetrVG: Vorschlagsrecht des BR über Personalplanung, Unterrichtungsrecht über gegenwärtigen und zukünftigen Personalbedarf

bb) personelle Einzelmaßnahmen

aaa) Einstellung, Ein- und Umgruppierung, Versetzung

- § 99 BetrVG: Zustimmung des BR erforderlich bei Einstellung, Umgruppierung und Versetzung

bbb) Kündigung

- bei Kündigung i.d.R. keine Zustimmung sondern nur Anhörung des BR erforderlich; Ausnahme: §103 BetrVG: außerordentliche Kündigung von BR-Mitglieder

  → gilt dem Schutz des BR

  [- ordentliche Kündigung von BR-Mitgliedern nicht möglich!]

- §102 BetrVG:

  - nur Anhörung des BR erforderlich

  - „richtige" Beteiligung liegt nur vor, wenn BR alle Details über AN und die Kündigungsgründe kannte (Heilung ist hier nicht möglich)

    - Informationen sind an den BR-Vorsitzenden zu übergeben (§ 26 BetrVG); dieser darf nur Entscheidungen weitergeben, die in einer BR-Versammlung getroffen wurden → darf die anderen BR-Mitglieder nicht in ihrer Stimmabgabe vertreten

- keine Mindestzahl an AN erforderlich

- gilt für jede Art der Kündigung (nicht erfasst: Aufhebungsvertrag und Beendigung durch Zeitablauf)

-wenn BR nicht angehört wurde → Kündigung unwirksam

Bei ordentlichen Kündigungen:

- Äußerungsmöglichkeiten des BR: §102 II, Frist: 1 Woche, bei Bedenken: Nennung von Gründen

- Widerspruch: §102 III BetrVG --> IV, V

> → hindert den AG nicht daran die Kündigung auszusprechen, aber AN hat die Möglichkeit eine Feststellungsklage zu erheben (Abs. 5 S.1) und darf weiterarbeiten bis der Prozess entschieden ist

f) Beteiligung in wirtschaftlichen Angelegenheiten

- wirtschaftliche Angelegenheiten betreffen grds. die unternehmerische Sphäre und sind hauptsachlich mitbestimmungsfrei

aa) Wirtschaftsausschuss

- §§106 - 110 BetrVG: Wirtschaftsausschuss im Unternehmen

> - Mittlerfunktion zwischen AG und BR → hat keine eigenen Mitbestimmungsrechte, sondern nur Informations- und Beratungsrechte

> - Hilfsorgan des BR → dient der Erfüllung von BR-Aufgaben

> - ist vom AG rechtzeitig und umfassend über wirtschaftliche Angelegenheiten des Unternehmens zu unterrichten, außerdem monatliche Sitzungen mit dem AG zur Beratung dieser Angelegenheiten

bb) Beteiligung des Betriebsrats bei Betriebsänderungen

- Mitbestimmungsrechte aus §§ 111 – 113 BetrVG an Voraussetzungen geknüpft:

> - mehr als 20 wahlberechtigte AN im Betrieb zum Zeitpunkt der Entstehung der Beteiligungsrechte

> - bereits bestehender BR zu diesem Zeitpunkt

> - kein Vorliegen von Einschränkungen für Tendenzbetriebe nach §118 I 2 BetrvG

- §111 BetrVG: wenn konkrete Planungen über Betriebsänderung vorliegen, muss der BR informiert werden → rechtzeitige Information damit Beratungsgespräche stattfinden können

- als Betriebsänderungen gelten: Einschränkung und Stilllegung, Verlegung, grundlegende Änderung der Organisation und Einführung grundlegend neuer Arbeitsmethoden und Fertigungsverfahren

- **§112 BetrVG**: Interessenausgleich, Sozialplan

    - Ziel: unterschiedliche Interessen von AN und AG ausgleichen

        - Verminderung von Nachteilen für AN, die nicht verhindert werden können

    - <u>Interessenausgleich</u>: betrifft alle Fragen der organisatorischen Durchführung einer Betriebsänderung, die nicht zum Sozialplan gehören (→ Regelungen, die nicht in einem wirtschaftlichen Ausgleich für AN bestehen)

        → Vertrag zwischen AG und BR, der keine normative Wirkung hat

        → verpflichtet den AG meist zu einem Tun oder Unterlassen

    - <u>Sozialplan:</u> Def. in §112 I 2 BetrVG: „eine Einigung über den Ausgleich oder die Milderung der wirtschaftlichen Nachteile, die den AN infolge der geplanten Betriebsänderung entstehen"

        → in erster Linie finanzielle Ansprüche der Belegschaft

    - Sozialplan entbindet AG nicht von seiner Pflicht einen Interessenausgleich zu versuchen

    - schriftlich niederzulegen und von AG und BR zu unterschrieben

    - Sozialplan hat Wirkung einer Betriebsvereinbarung

        → AN haben unmittelbaren Anspruch

    - bei Erstellung eines Sozialplans hat BR echtes Mitbestimmungsrecht

- **§113 BetrVG:**

- Ansprüche der AN auf Nachteilsausgleich, wenn AG keinen Interessenausgleich mit dem BR vereinbart oder wenn er von diesem abweicht

- Ansprüche der AN auf Erfüllung, wenn der AG seinen Verpflichtungen aus dem Sozialplan nicht nachkommt

5.) Rechte des Betriebsrats bei Verletzung von Beteiligungsrechten

- Möglichkeit Sanktionen gegen den AG zu beantragen aus §§119 – 121 BetrVG

- Anrufung der Einigungsstelle, §76 I-VI BetrVG

- Klage gegen AG beim Arbeitsgericht, § 76 VII BetrVG

6.) Sonstige Arbeitnehmervertretungen

a) im BetrVG

- Jugend- und Auszubildendenvertretung: §60 BetrVG

    - in Betrieben mit mind. 5 AN unter 18 Jahren oder 5 Auszubildenden unter 25 Jahren

    - Vertretung der besonderen Belange dieser Arbeitnehmergruppe (§70 I BetrVG)

    -keine eigenen Beteiligungsrechte → zur Durchsetzung der Interessen auf den BR angewiesen

b) Sprecherausschuss für leitende Angestellte

s. ZSF „Besondere Arbeitsverhältnisse"